Changos, changos y más changos (¡y algunos gorilas también!)

Monkeys, monkeys and more monkeys (*and some gorillas too!*)

Manuel Alemán

AUTOR DE "UNA ARAÑA EN UNA ESQUINA"

Changos, changos y más changos
(¡y algunos gorilas también!)

Monkeys, monkeys and more monkeys
(And some gorillas too!)

ISBN 978-1499272994

Abril 2014
Evanston, IL

Changos, changos y más changos
(¡y algunos gorilas también!)

Monkeys, monkeys and more monkeys
(and some gorillas too!)

Idea original: Manuel Alemán
Textos en inglés revisados por : Sarah D. Méndez

ILUSTRADO POR MANUEL ALEMÁN,
NORBERTO ALEMÁN-PADILLA
Y DANIEL ALEMÁN-PADILLA

Para mi sobrino Ángel
(porque piensa que soy gracioso)

Agradecimientos:

A mi amiga Sarah Méndez, Directora de la Escuela Secundaria Nichols en Evanston, Illinois. Sarah, a pesar de todas sus responsabilidades como líder de alumnos y maestros y de sus compromisos familiares, amablemente se dio tiempo para con paciencia revisar y corregir la mayor parte del borrador en inglés de esta historia. Sin su apoyo y sin sus valiosas y acertadas observaciones, el libro habría dilatado más tiempo en ser publicado. Sarah hizo un gran trabajo, si existe algún error, sin duda es mío.

Acknowledgments:

To my friend Sarah Mendez, Nichols' Middle School Principal in Evanston, Illinois. In spite of all of her duties and responsibilities as the head leader of teachers and students and besides her family commitments, Sarah kindly took the time to patiently and thoroughly review and correct most of the English draft of this story. Without her support and without her wise and valuable observations, the book would have delayed more time in being published. Sarah did a formidable job, if there is a mistake to be found, it is certainly mine.

Some monkeys are sweet, some others are scary

Este chango es mono,

este chango asusta,

but all of them smile while riding a ferry.

pero ir en un ferry a todos les gusta.

Some monkeys are big, some monkeys are small

Hay changos enormes, hay changos pequeños

but all of these monkeys can do a cannon ball!

y todos se lanzan al agua risueños.

This uakari paints his own bungalow.

Este mono cacajao pinta su propia morada,

This one drinks his milkshake while watching a crow.

éste otro, mira un cuervo mientras bebe su malteada.

A mandrill is waiting to get a ride home.

Un mandril espera quien lo lleve a casa,

He wants to go hiking. He invited a gnome.

quiere ir con un gnomo de paseo a la NASA.

This primate likes wrestling. His friend flies a kite.

Un primate ve las luchas, otro vuela su cometa,

Both eat their bananas with so much delight!

los dos comen sus bananas sin usar su servilleta.

Some monkeys get mad when there's too much noise
because they want silence to play with their toys.

Se enojan los changos cuando hay mucho ruido,
desean silencio y jugar no han podido.

You can see a macaque getting a nice tan
and making a snowman in distant Japan.

*Mira a este macaco bronceado y bailón
haciendo muñecos de nieve en Japón.*

Some monkeys play bongos, some others do not.
This tarsier plays nothing because he forgot!

Hay changos que tocan muy bien el bongó,
no así este tarsero que ya lo olvidó.

This monkey has finished his workout too soon.
He wants to go visit his friend, the baboon.

*Este chango ha terminado su ejercicio matutino,
quiere ir con el papión, que es su amigo y su vecino.*

When you're in the jungle you hear his alarm.
This howler likes howling while rubbing his arm.

Este mono aullador se divierte entre la garma
dando saltos y piruetas y ululando como alarma.

In summer, gorillas have myriads of fun.

En verano los gorilas se divierten un montón,

Right now it is winter, so now they have none!

en invierno sólo tiemblan tiritando en un rincón.

Some primates are gentle. Some others are rough,
especially on Fridays when food's not enough.

*Hay changos amables, hay changos muy toscos,
sobre todo en viernes, rodeados de moscos.*

One capuchin monkey is juggling a bowl
and kicks a huge coco to score a great goal!

*Hace juegos malabares un changuito capuchino
y con cocos mete goles al portero babuino.*

When it's cold this simian escapes to La Habana
to buy some "congrí" and to enjoy a banana.

Cuando hace frío el simio se escapa a La Habana
a comer "congrí" con una banana.

A pigmy marmoset sleeps on my finger.

Un tití muy pequeñín en mi dedo duerme a veces,

He performs at noon as an opera singer.

luego canta al medio día una ópera a los peces.

Some monkeys make gestures. Some others do math,

Unos changos hacen gestos, otros juegan a sumar,

but when they get dirty, they take a good bath.

pero cuando están muy sucios, se van todos a bañar.

Some monkeys like berries. Some others eat pie

Unos changos comen bayas, otros gustan de la tarta;

but now all the monkeys are saying goodbye.

ahora todos se despiden sosteniendo una pancarta.

FIN

Vocabulary (Vocabulario)

Mono – bonito, lindo, gracioso (cute).

Chango – mono, simio (monkey).

Ferry – transbordador, embarcación que enlaza dos puntos y lleva pasajeros y/o vehículos (ferry).

Risueño – que muestra risa en su cara, que ríe con facilidad (cheerful).

Morada – lugar donde se vive o habita (dwelling).

Gnomo – geniecillo o enano en cuentos infantiles (gnome).

Primate - mamífero de cerebro inteligente y extremidades que terminan en cinco dedos y el pulgar opuesto a los demás de dedos (primate).

Cometa – papalote (kite).

Bronceado – color de piel morena/tostada por los rayos del sol (tanned).

Bailón – que baila mucho (dancing).

Bongó – tamborcillo usado en algunos países del Caribe (bongo).

Garma – maleza, espesura que forman los arbustos (brush).

Pirueta – cabriola o voltereta en el aire (somersault).

Ulular – dar gritos o alaridos (to hoot).

Tiritar – temblar o estremecerse de frío o por la fiebre (to shiver).

Tosco – grosero (rude).

Juegos malabares – ejercicios de agilidad lanzando objetos a lo alto y atrapándolos (to juggle).

Simio- primate antropoide, mono (simian).

Congrí – arroz con frijoles en Cuba (beans with rice in Cuba).

Baya – fruto carnoso con semillas rodeadas de pulpa (berry).

Tarta – pastel grande y redondo, relleno de frutas o crema (cake).

Datos de monos que viste en la historia
Facts about monkeys you saw in the story

Macaco japonés (Japanese macaque) – They are from Japan. They are also known as "snow monkeys" because they live in areas with a lot of snow but they can be found in warm and cool forests too. In Japan, people call them "*Nihonzaru*" or only "*saru*". Their fur is brown or grey, during the winter it grows thicker so the Japanese Macaque stays warm. They have pink/red faces, a short tail and cheek pouches to store food. They are very good swimmers and eat plants, insects, nuts, fallen seeds and soil (they are omnivorous.) Son nativos del Japón. También se les conoce como "monos de la nieve" porque viven en áreas con mucha nieve – aunque también se les puede encontrar en bosques cálidos y frescos. En Japón, la gente los llama "*Nihonzaru*" o sólo "*saru*". Su pelo es de color café o gris y durante el invierno se hace más grueso para que el macaco japonés pueda estar más abrigado. Tienen caras rojas/rosadas, cola corta y bolsas en sus mejillas que les permiten almacenar comida. Son muy buenos nadadores y comen plantas, insectos, nueces, semillas que caen al piso y tierra (son omnívoros, es decir, comen animales o plantas).

Mono aullador (Howler monkey) – They eat fruit and nuts and can smell food at a distance of up to 2 kilometers. They are considered to be the loudest animal on land. Their loud howls can be clearly heard as far as 3 miles (4.8 kilometers, which they make at sunrise and sunset, and to warn from dangers. Their howling sounds a little like the wind but is stronger and more sustained. They have a very long tail, which they use to grab things. Howler monkeys are *folivores* (which mean that they eat leaves) but sometimes they steal eggs from birds' nests, and eat them. Central and South America's rainforests are the usual places where they live (from South Mexico to Guatemala, Belize, Venezuela, Brazil, Colombia and Ecuador). Comen fruta y nueces y pueden oler comida a una distancia de hasta 2 kilómetros. Son considerados los animales terrestres más ruidosos. Sus fuertes aullidos pueden ser claramente escuchados a una distancia de hasta 3 millas (4.8 kilómetros), aúllan al amanecer y al atardecer y para advertir el peligro. Su aullido se parece al silbido del viento, pero es más poderoso y prolongado. Tienen una cola muy larga la cual usan para agarrar cosas. Los monos aulladores son "*folívoros*" (lo cual significa que comen hojas) pero algunas veces también roban huevos de los nidos de algunas aves, y se los comen. Los lugares en los que usualmente se encuentran, son los bosques de América Central y de América del Sur (desde el sur de México, en Guatemala y Belice hasta Colombia, Brasil, Venezuela y Ecuador).

Mono lechuza (Owl monkey) - They are very small and weight about 2 pounds. The color of their bodies varies from gray-tan to brown with pale yellow or orange fur on their stomachs. They are also called "night monkeys" and are natural from the tropical rainforest in South America (Argentina, Peru, Brazil, Paraguay, Bolivia and Ecuador) and Central America (Panama). They live in trees, hiding in hollows during the day and come out at dusk searching for food. They are "*frugivores*" and omnivores, their diet includes: nuts, leaves, sap and some insects. They posses excellent night vision because of their large eyes and their ears are very difficult to see because of their dense fur. They can leap across gaps up to 16 feet (4.8 meters). Son muy pequeños y pesan cerca de 2 libras (casi 1 kilo). El color de sus cuerpos varía de gris a café, con piel de color amarillo pálido o naranja en sus estómagos. También son llamados "monos nocturnos" y son naturales (originalmente viven ahí) de los bosques tropicales en América del Sur (Argentina, Perú, Brasil, Paraguay, Bolivia y Ecuador) y en América Central (Panamá). Viven en los árboles, escondiéndose en los huecos durante el día y saliendo al atardecer a buscar comida. Son "*frugívoros*" (comen fruta) y "*omnívoros*"; su dieta incluye: nueces, hojas, savia de los árboles y algunos insectos. Poseen excelente visión nocturna debido a sus ojos grandes; sus oídos son muy difíciles de notar porque tienen mucho pelo. Pueden saltar distancias entre los árboles de hasta 16 pies (4.8 metros).

Mono araña (Spider monkey) – They don't have superpowers but these monkeys can be of different colors (orange, black, gold, white, red and brown) they got their name from the resemblance that their long and strong limbs have with the spider's. They have no thumbs and their tail is very long. They move quickly, live in groups, and are always lead by a female. They live in the South of Mexico and in some areas of Brazil, where they can find extensive rainforest. Spider monkeys eat fruit and sap (they completely swallow the fruits that they eat without nibbling on them.) No tienen superpoderes pero estos monos pueden ser de diferentes colores (naranja, negro, oro, blanco, rojo y café). Su nombre proviene de la semejanza que tienen sus patas largas y fuertes, con las patas de las arañas. No tienen pulgares y su cola es muy larga. Se mueven muy rápido, viven en grupos y siempre tienen a una hembra como líder. Viven en el sur de México y en algunas áreas de Brasil en lugares donde puedan encontrar bosques extensos. Los monos araña comen fruta y savia de los árboles (tragan completamente las frutas que comen, no necesitan masticarlas).

Sifaca de Coquerel (Coquerel's Sifaka) - Madagascar is their place of origin. They eat leaves, buds, some fruit, flowers, bark and dead wood as well. They love to spend most of their time clung to the trees; they have a lot of activity during the day and rest at night. When they "walk", they only use their back legs and maintain a funny upright posture. They only walk when they are looking for food. They leap through the treetops; with one single jump they can leap more than 20 feet (6 meters) without a problem. Their faces are black with white fur above the nose; their tails are white and have maroon patches on their limbs and chest. Their eyes are yellow or orange. Madagascar es su lugar de origen. Comen hojas, capullos/botones de flor, algunas frutas, flores, corteza de árboles y madera muerta/seca también. Les encanta pasar la mayor parte del tiempo agarrados de los árboles; durante el día son muy activos y descansan en las noches. Cuando "caminan", usan solo sus patas traseras y mantienen una postura vertical simpática. Sólo "caminan" cuando están buscando comida. Saltan a través de las copas de los árboles; con un solo impulso pueden saltar más de 20 pies (6 metros) sin problema. Sus caras son negras con pelo blanco sobre el puente de la nariz; sus colas son blancas y tienen manchas de color marrón en sus patas y en su pecho. Sus ojos son de color amarillo o naranja.

Langur gris (Grey Langur) – Langur monkeys are found in Pakistan, India, China, Bhutan, Bangladesh, Nepal, Sri Lanka and Tibet. They can live in the forest, wooded habitats, farmlands and villages. They are the most common monkeys in the South of Asia. They mostly eat buds, leaves, insects, fruits and flowers. Their color is grey or yellowish, with a black face and ears. They spend half of their time on the trees and the other half on the ground. Langur monkeys can leap close to 5 meters (15 feet) horizontally. During the day they groom each other but spend more time feeding and resting. At night, they sleep in trees. Los monos langur se encuentran en Pakistán, la India, China, Bután, Bangladesh, Nepal, Sri Lanka y el Tíbet. Estos monos pueden vivir en los bosques, en lugares donde hay madera, en granjas y en aldeas. Son los monos más comunes en el sur de Asia. Principalmente comen botones de flor, hojas, insectos, frutas y flores. Son de color gris o amarillento, con cara y oídos negros. Pasan la mitad de su tiempo en los árboles y la otra mitad en el piso. Los monos langur pueden saltar hasta 5 metros (15 pies) horizontalmente. Durante el día se peinan y se asean unos a otros pero pasan más tiempo alimentándose y descansando. Por las noches, duermen en los árboles.

Sakí de cara blanca (White-faced Saki) – They weight about three pounds; their tail is thick but is non-prehensile (they don't grip things with it.) Males are black except for the head that can be white with tones of red; females are mostly brown. They can be found in tropical rain forests in Venezuela, Brazil, Bolivia, Ecuador, Suriname and Guyana. These monkeys are primarily *"frugivores"* (they eat fruit) but also eat small mammals, bats, birds and flowers. The Saki is active during day and night. They like to spend a lot of time in the canopy layer. Pesan cerca de 3 libras (1.36 kilos); su cola no es prensil (no pueden agarrar cosas con ella). Los machos son de color negro, excepto por su cabeza que puede ser de color blanco con tonos de rojo; las hembras son en su mayoría, de color café. Estos monos pueden encontrarse en los bosques tropicales de Venezuela, Brasil Bolivia, Ecuador, Surinam y la Guyana. Los sakí de cara blanca son "frugívoros" (comen frutas) pero también comen pequeños mamíferos, murciélagos, pájaros y flores.

Son activos durante el día y la noche. Les gusta pasar mucho tiempo en las copas de los árboles.

Mono patas o "mono rojo" (Patas monkey) – They live in Central Africa (Senegal, Ethiopia, Cameroon and Tanzania) and are considered the fastest primates in the world because they can run at a speed of 35 miles (55 km) per hour. This monkey eats fruit, insects, tree gum and stems (they are omnivorous.) They don't usually sleep two consecutive nights in the same tree. They are sociable and get together in groups called troops, led by females. They are also called "military monkeys" because of their shaggy, white mustache and white "underpants" and also "dancing monkey" because every time they are excited, they jump. Patas monkeys can hold as much food in their cheeks as they can in their stomachs! Viven en África Central (Senegal, Etiopia, Camerún y Tanzania) y son considerados los primates más rápidos en el mundo porque pueden correr a una velocidad de 35 millas (55 kilómetros) por hora. Estos monos comen fruta, insectos, savia de los árboles y tallos (son omnívoros). Usualmente no duermen dos noches seguidas en el mismo árbol. Son sociables y se reúnen en grupos llamados 'tropas', son dirigidos por una hembra. También se les llama "changos militares" por su bigote despeinado y blanco y por sus "pantalones" blancos. También reciben el nombre de "mono bailarín" porque cada vez que se emocionan, saltan. ¡Los monos 'patas' pueden guardar igual cantidad de comida en sus mejillas que la que pueden llevar en sus estómagos!

Macaco de Berbería (Barbary Macaque) - Barbary Macaques are large monkeys with 35 lbs of weight (16 kg) and no tail; they are also called 'magots'. They have silky grey, yellowish-brown fur, powerful jaws and long canine teeth. Their face is bald and pink; their cheek pouches are used to store food. They are active during the day and sleep at night. They eat fruit, mushrooms, young leaves, roots, snails, spiders, grasshoppers, termites, butterflies, centipedes, ants, beetles and scorpions. This type of macaques lives in the forest (in oaks, pines and cedar trees), in the mountains of Tunisia, Morocco, Libya and Algeria, in Africa, and in Gibraltar. They can cause major damage to the trees where they live. Their name comes from the Barbary Coast of Northern Africa. Los macacos de Berbería son monos grandes de 35 libras de peso (16 kilogramos) que no tienen cola; también son llamados 'magots'. Tienen pelo suave de color gris, amarillento-café, sus quijadas son poderosas y tienen largos dientes caninos. Su cara no tiene pelo y es de color rosa; sus mejillas las utilizan para almacenar comida. Durante el día están activos y duermen durante la noche. Comen frutas, hongos, hojas tiernas, raíces, caracoles, arañas, chapulines, termitas, mariposas, ciempiés, hormigas, escarabajos y escorpiones. Este tipo de macacos vive en los bosques (en robles, pinos y cedros) en las montañas de Túnez, Marruecos, Libia y Argelia, en África, y también en Gibraltar; pueden causar daños mayores a los árboles donde viven. Su nombre proviene de la Costa Berberisca en el Norte de África.

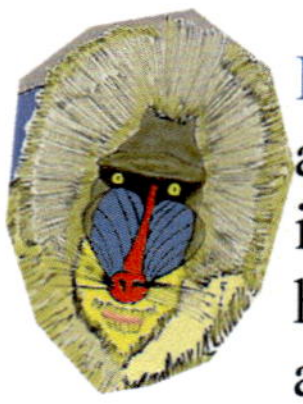

Mandril (Mandrill) – It is found in the South of Africa (Cameroon, Congo, Gabon and Nigeria), mainly in the tropical rainforests and also in the grasslands, always in groups called '*hordes*' which can have at least 40 individuals, although there have been some with more than 1,300 mandrills. They are *omnivorous* (they eat almost anything but mostly fruits and insects, figs, bark and even reptiles) with a big head, a compact body and an extremely short tail (which is not prehensile.) They also have cheek pouches (like squirrels) so they can carry food and eat it later. Mandrills are the most colorful primates with six purple and blue ridges on their nose and red lips with a golden beard (males are more colorful than females, as males becomes older the coloring gets darker). The male is the heaviest monkey in the world. They like to sleep in trees but pick different places every night. Se encuentra en el Sur de África (Camerún, Congo, Gabón y Nigeria), principalmente en los bosques tropicales y en las praderas (pastizales), siempre en grupos llamados '*hordas*' que pueden tener por lo menos 40 individuos, pero se han encontrado algunos con más de 1,300 mandriles. Son omnívoros (comen casi cualquier cosa, pero sobre todo frutas, insectos, higos, corteza de árboles e incluso, reptiles) con una cabeza grande, un cuerpo compacto y una cola extremadamente corta (no prensil). También tienen bolsas en las mejillas (como las ardillas) para almacenar comida y comerla más tarde. Los mandriles son los primates más coloridos con morado y azul en seis crestas sobre la nariz, labios rojos y una barba dorada (los machos son más coloridos que las hembras, a medida que los machos envejecen, los colores son más oscuros.) Los machos son los monos más pesados sobre la tierra. Les gusta dormir en los árboles pero eligen diferentes lugares cada noche.

Tití pigmeo (Pigmy marmoset) – It is the smallest monkey in the world. It is about 15 cm tall and weights just over 3.5 ounces; Pigmy marmoset dads piggyback their babies during the first months. They live in South America (Peru, Bolivia, Ecuador and Brazil) in the Amazon, in the rainforest, the jungle and in humid atmosphere. Their color is a mixture of brownish-gold, grey and black on its back and head and yellow and orange on its legs. They mainly eat tree gum (sap). They have claws that make them excellent climbers. They live in groups of 2 or 6, spend their time in the trees and are very active during the day. They are also called "pocket monkeys". Son los monos más pequeños en el mundo. Miden cerca de 15 centímetros de altura y pesan casi 3.5 onzas (casi 1 kilo). Los papás cargan en su espalda a los bebés durante los primeros meses. Viven en Sudamérica (Perú, Bolivia, Ecuador y Brasil), en el Amazonas, en los bosques tropicales, en la selva y en atmósferas húmedas. Su color es una mezcla de café-dorado, gris y negro en su espalda y en su cabeza, y amarillo en sus piernas. Comen principalmente savia de los árboles. Tienes garras, por lo cual, son excelentes trepadores. Viven en grupos de 2 a 6 individuos, pasan su tiempo en los árboles y son muy activos durante el día. Los monos tití pigmeo también son llamados 'monos de bolsillo'.

Mono de vervet (Vervet monkey) – They live in the East and West of Africa's savanna, forests, woodland and even in the mountains (Kenya, Mozambique, Uganda, Ghana and Lesotho.) Their face is black bordered by a white fringe and their fur is gray or olive; they have long arms and legs. Their tails are usually longer than heir bodies. Sometimes they are considered to be pests because they steal food and other things from the villages. They are '*omnivorous*'; they enjoy eating fruit, leaves, flowers and figs (figs are they favorite fruit!). They are and are very sociable and live in troops of up to 50 individuals. Viven en el este y en el oeste de África, en la sabana, en los bosques, e incluso en las montañas (Kenia, Mozambique, Uganda, Ghana y Lesoto). Su cara es negra bordeada por un fleco de color blanco y el pelo del resto de su cuerpo es gris o verde oliva; sus brazos y piernas son largas. Sus colas usualmente son más largas que sus cuerpos. Algunas veces, se les considera como plaga porque roban comida y otras cosas de las aldeas cercanas. Son '*omnívoros*', les gusta comer fruta, hojas, flores e higos (¡Los higos son su fruta favorita!). Son muy sociables y viven en grupos (*tropas*) de hasta 50 individuos.

Capuchino (Capuchin) – These monkeys are very agile. They are considered the most intelligent monkeys; they are often used in laboratories. They like to collect rocks, store them and use them as tools. They are found in the mountain forests and rainforests in Central America (Costa Rica, Honduras) and South America (Paraguay, Argentina, Peru, Bolivia, Ecuador and Brazil). They present different colors such as black, brown, buff or whitish; their tails are as long as their body. They are social and live in groups of up to 35 individuals. They are 'arboreal'; they spend a lot of time in the trees. Every day they also spend time grooming each other. Their diets include insects, fruits, seeds, bugs, reptiles, spiders, shellfish and nuts. During the day they search for food (and they like to take naps too); at night they sleep in the trees. They can jump up to 9 feet from one tree to another, with a single leap. Estos changos/monos son muy ágiles y están considerados como los changos más inteligentes; frecuentemente se les usa en los laboratorios para experimentos. Les gusta coleccionar rocas, guardarlas y usarlas como herramientas. Se les encuentra en los bosques de las montañas y en los bosques tropicales de América Central (Costa Rica, Honduras) y de Sudamérica (Paraguay, Argentina, Perú, Bolivia, Ecuador y Brasil). Son de distintos colores, como: negro, café, beis o blanco; sus colas son tan largas como su cuerpo. Son sociables y viven en grupos de hasta 35 individuos. Son 'arbóreos', pasan muchos tiempo en los árboles. Todos los días también pasan tiempo aseándose y "peinándose" unos a otros. Su dieta incluye insectos, frutas, semillas, bichos, reptiles, arañas, mariscos y nueces. Durante el día buscan comida (¡y también les gusta tomar siestas!), por las noches duermen en los árboles. Pueden dar saltos de hasta 9 pies (casi 3 metros) de un árbol a otro, con un solo impulso.

Papión / Babuíno (Baboon) – There are five different species of Baboon. They are some of the strongest primates in the world; their weight can reach up to 90 pounds. All Baboons live in Africa or Arabia (Egypt, Sudan, Ethiopia, Somalia), in the rocky deserts, rainforests and the savanna. For farmers in Africa baboons are destructive pests because they eat their crops. Their nose is very long. Baboon's teeth are extremely sharp which make them look mean, but they are really not. They live in troops. Their color goes from brown, to gray to black. They do not have a gripping tail as other monkeys do. Baboons like to climb trees to go to sleep. Their diet consists in roots, seeds, bark, fruits, birds, rodents, fish and even vervet monkeys and small antelopes. Hay 5 diferentes especies de babuínos o papiones. Son unos de los primates más corpulentos en el mundo; su peso puede alcanzar hasta 90 libras (40 kilos). Todos los babuínos y papiones viven en África o en Arabia (en Egipto, Sudán, Etiopía o Somalia), en las planicies o desiertos rocosos, en los bosques o en la sabana (llanura). Para los granjeros en África, estos monos son una plaga destructiva porque se comen sus cosechas. La nariz de los babuínos y papiones es muy larga; sus dientes son muy filosos lo que hace que parezcan muy temibles, pero en realidad no lo son. Viven en grupos llamados '*tropas*'; su color varía del café al gris y al negro. No tienen un cola prensil como la tienen otros monos. A los babuínos y papiones les gusta trepar a los árboles para dormir en ellos. Su dieta consiste en raíces, semillas, corteza de árboles, frutas, aves, roedores, pescado e incluso monos de vervet y pequeños antílopes.

Mono tarsero (Tarsier monkey) – They are small and have enormous eyes (the largest of all the mammals). They have a long tail and an incredibly soft fur that varies from grey to brown to ochre. Their neck is very flexible and it can turn in 180 degrees. They live in forests with lots of vegetation in different islands (Malaysia, Indonesia, Borneo, Sumatra and The Philippines). They are carnivorous; mostly, they eat insects but also bats, crabs, lizards, frogs, small birds and sometimes, even poisonous snakes. They are able to jump distances 40 times it's own body length (10 to 14 cm = 3 to 5 inches), because of they powerful long hind legs. They like to cling onto vertical tree branches, where they rest during the day. They also like to sing with a high-pitch voice. If a predator attacks a tarsier, all other tarsiers nearby may attack the predator to defend their buddy! Son pequeños y tienen ojos enormes (los más grandes de todos los mamíferos). Tienen una cola larga y una piel increíblemente suave que varía en color, de gris a café a ocre. Su cuello es muy flexible y puede girar en 180 grados. Viven en los bosques llenos de vegetación en diferentes islas (Malasia, Indonesia, Borneo, Sumatra y en Las Filipinas). Son carnívoros; casi siempre comen insectos pero también murciélagos, cangrejos, lagartijas, ranas, aves pequeñas y algunas veces, incluso serpientes venenosas. Son capaces de saltar distancias 40 veces lo largo de su cuerpo (de 10 a 14 centímetros = de 3 a 5 pulgadas) debido a sus poderosas y largas piernas traseras. Les gusta aferrarse a ramas verticales en donde descansan durante el día. También les gusta cantar con un tono muy alto. Si un tarsero es atacado por un depredador, ¡los otros tarseros que están cerca se irán encima del depredador, atacándolo para defender a su amigo!

Gibón (Gibbon) – They are small (90 cm tall and weigh only 7 kg) and do not have tail nor cheek pouches. From all the mammals that live in trees, these monkeys are the fastest. The color of their fur is brown and goes from light to dark. They enjoy warmer climates and are found in China, India and Indonesia (in the Island of Java). The Gibbon is arboreal (he only lives in the trees and use his very long arms to swing from tree to tree.) Their arms are sometimes longer than their legs. Gibbon's diet consists in fruit, leaves, insects, flowers and birds' eggs that he finds in nests. They don't make nests but when they defend their territory they are very aggressive. They can make incredible leaps of up to 8 meters (26 feet)! Son monos pequeños (miden 90 centímetros y pesan sólo 7 kilos), no tienen cola ni bolsas para almacenar comida en las mejillas. De todos los mamíferos que viven en los árboles, estos monos son los más rápidos. El color de su piel puede variar de claro a oscuro. Les encantan los climas más calidos y se les encuentra en China, la India, y en Indonesia (en la isla de Java). El gibón es arbóreo (solo vive en los árboles y usa sus largos brazos para columpiarse de árbol a árbol). A veces, sus brazos son más largos que sus piernas. La dieta del gibón consiste en frutas, hojas, insectos, flores y huevos de aves que encuentra en los nidos. El gibón no hace nidos pero cuando defiende su territorio es muy agresivo. Estos monos pueden dar saltos increíbles ¡de hasta 8 metros (26 pies)!

Mono cacajao (Red Uakari monkey) – They live in troops of up to 30 individuals. Their name probably comes from indigenous languages. These monkeys prefer to spend most of their time in trees. Their tail is short and is not prehensile. They can jump more than 6 meters. They live in the rainforest throughout Brazil, Peru and Colombia. They spend a lot of time high in the canopy. They consume (eat) a combination of plants material and small animals, fruit, roots, insects and lizards. They can jump up to 20 meters from tree to tree. Their fur is long and varies from red to brown, to white. The most distinctive feature they have is that their head is bald and their face is red. Viven en grupos de hasta 30 individuos. Su nombre probablemente proviene de lenguas indígenas. Estos monos/changos prefieren pasan la mayor parte de su tiempo en los árboles. Su cola es corta y no es prensil. Pueden saltar más de 6 metros entre los árboles. Viven en los bosques de Brasil, Perú y Colombia. Pasan mucho tiempo en las copas de los árboles. Comen una combinación de residuos de plantas y animales pequeños, frutas, raíces, insectos y lagartijas. Su piel es larga y varía en colores que van de rojo a café a blanco. Su característica más distintiva es su cabeza calva y su cara de color rojo.

Chimpancé (Chimpazee) – orangutan, bonobo or dwarf chimpanzee, chimpazee, and gorillas too!) Chimps can be found in 21 of the African countries. They prefer tropical rainforests but they also live in bamboo forests, swamps, and even in the savannah. They usually walk on all fours (knuckle-walking) but they can also stand and walk upright. Their arms are longer than their legs. They don't have tails and like to sleep in the trees; they eat fruit and plants, insects, nuts, seeds, eggs, and occasionally meat. They have a great variety of other foods; that is why they are *omnivores*. Chimps live in communities that are compound from 3 to 50 animals. They can use different objects as tools for different purposes. Chinpanzees groom each other and they laugh when they play. Son uno de los 4 tipos de los "grandes simios" (orangutanes, bonobo o chimpancé enano, chimpancé ¡y gorilas también!). Los chimpancés pueden encontrarse en 21 de los países de África. Prefieren los bosques tropicales pero también viven en los bosques de bambú, en los pantanos y aún en la sabana o llanura. Usualmente caminan en cuatro patas (apoyándose en sus nudillos) pero también pueden pararse y caminar erguidos. Sus brazos son más largos que sus piernas. No tienen colas y les gusta dormir en los árboles; comen frutas y plantas, insectos, nueces, semillas, huevos y ocasionalmente, carne. Comen una gran variedad de alimentos, por eso son "omnívoros". Los chimpancés viven en comunidades que van desde 3 hasta 50 animales. Pueden usar diferentes objetos como herramientas para diferentes propósitos. Los chimpancés se asean unos a otros y se ríen cuando juegan.

Mono tamarín emperador (Emperor Tamarin monkey) - They can be found in the forest of South America (Bolivia, Peru and Brazil, in the Amazon). Their color is grey; they have black hands and a very distinctive, impressive, long and drooping white mustache; that is why sometimes they are also called "Mustache monkeys". They have claws on all of their fingers and toes (except on the great toe.) Most of the time they eat plant matter but they can also eat fruit, tree sap and some insects (beetles, spiders and ants). During the day they are very active and constantly moving. They sleep and spend most of their time on the trees, (they are "*arboreal*".) Their name derives from a supposed resemble they have with a former German emperor, Wilhelm II, who also had a mustache. Pueden encontrarse en los bosques de América del Sur (Bolivia, Perú y Brasil, en el río Amazonas). Son de color gris; tienen manos negras y un distintivo, impresionante, largo y colgante bigote de color blanco. Esa es la razón por la cual también a veces son llamados "monos con bigote". Tienen garras en todos sus dedos de manos y pies (menos en el 'dedo gordo' del pie.) La mayor parte del tiempo comen residuos de plantas pero también pueden comer fruta, savia de los árboles y algunos insectos (escarabajos, arañas y hormigas). Durante el día son muy activos y se mueven constantemente. Duermen y pasan mucho tiempo en los árboles (son "arbóreos"). Su nombre proviene de una supuesta semejanza que tienen con un antiguo emperador de Alemania: Wilhelm II, quien también tenía bigote.

Mono narigudo (Long-nosed monkey) – These monkeys have a very large nose, sometimes longer than 10 cm (3.9 in) and hangs lower than their mouth. They were worshipped as a very important animal in Ancient Egypt, they were considered special to the "gods". They have a reddish, light-orange, tan, brown and white coloring with gray limbs and a very large, swollen stomach! They live in the rainforest and mangrove swamps in the largest island in Asia: Borneo (in the three nations that divide the island: Brunei, Indonesia and Malaysia). The male is one of the largest monkeys in Asia. They like to sleep near rivers and are excellent swimmers in deep water; they have webbed hands and feet. Their long tail can easily be as long as their body. They are *omnivorous* (all-eaters, they eat whatever is available); their diet mainly consists in eating mangrove leaves, shoots and unripe fruits. It is an endangered animal; there are only approximately 7,000 of these monkeys left in the wild; they do not response very well to captivity. Estos monos tienen una nariz muy larga, que algunas veces mide más de 10 centímetros (3.9 pulgadas). Eran reverenciados como animales importantes en el antiguo Egipto, se les consideraba especiales para los "dioses". Tienen un color rojizo, ligeramente anaranjado, bronceado, café y blanco, con patas de color gris ¡y un estómago muy abultado! Viven en los bosques y en los pantanos de arbustos conocidos como 'mangle' en la isla más grande de Asia: Borneo, (dividida en 3 naciones: Brunei, Indonesia y Malasia). Los machos son uno de los changos/monos más grandes de Asia. Les gusta dormir cerca de los ríos y son excelentes nadadores en aguas profundas; igual que los patos, sus pies son palmeados, igual sus manos. Su cola puede ser tan larga como su cuerpo. Son omnívoros (comen de todo, lo que esté disponible), su dieta consiste principalmente en comer hojas de mangle, retoños de plantas y frutas verdes. Es una especie en peligro de extinción; solamente quedan aproximadamente 7,000 de estos monos en estado silvestre (no en cautiverio o en zoológicos, ya que no sobreviven por mucho tiempo cuando se les captura).

Mono colobo (Colobus monkey) – They live in troops of nine members. Their color is a mix of a long black fur coat and white stripe decorating their backs and their tails. The length of the colobus fluffy tail goes from 23 to 28 inches long. They live in the tropical forests along rivers (Tanzania, Cameroon, Ethiopia and Nigeria in Central Africa). Colobus monkeys love to eat lots and lots of leaves! However, they also eat some fruits, insects, buds, flowers and twigs. The colobus' stomach is huge; they digest food very slowly…that is why they are not very active. They like to spend a lot of time sleeping. They are the only species of monkeys that have practically no thumbs. Viven en tropas de 9 miembros. Su color es una mezcla de una larga piel negra y una franja blanca decorando sus espaldas y sus colas. La longitud de la esponjada cola del mono colobo es de entre 24 y 28 pulgadas (de 61 a 71 centímetros). Viven en los bosques tropicales junto a ríos (en Tanzania, Camerún, Etiopía y Nigeria en el centro de África). ¡A los monos colobo les encanta comer montones y montones de hojas! Sin embargo, también comen frutas, insectos, botones de flor, flores y ramitas. El estómago de los monos colobo es enorme; la comida les hace digestión muy lentamente…esa es la razón por la que no son muy activos. Les gusta pasar mucho tiempo durmiendo. Son la única especie de entre los monos que prácticamente no tienen pulgares.

Gorila (Gorilla) – They live in the forests and mountains in Central Africa (The Democratic Republic of Congo) and East Africa (Ethiopia, Kenya, Tanzania, Rwanda, Somalia). There are lowland gorillas (Cameroon, Gabon) and mountain gorillas (Uganda). Male gorillas can grow up to 6 feet in height and weight close to 480 pounds. They have 10 fingers and 10 toes, like humans. Their stomachs are larger than their chests and their upper-body strength is six times more powerful than a human's. They eat bark, plants, stems or roots, leaves and fruit; they need to eat 40 pounds of food per day. Lowland gorillas' hair is shorter and softer, mountains gorillas' fur is more shaggy and thicker. Mountain gorillas are the darkest of all gorillas. Lowland gorillas are grey or brown and are more slender and agile than the voluminous mountain gorillas. Viven en los bosques y montañas en el centro de África (La República Democrática del Congo) y en el este de África (Etiopia, Kenia, Tanzania, Ruanda, Somalia). Hay gorilas de tierras bajas (Camerún, Gabón) y gorilas de montañas (Uganda). Los gorilas machos pueden alcanzar una altura hasta de 6 pies (1.82 metros) y pesar cerca de 480 libras (217 kilos). Tienen 10 dedos en manos y pies como los humanos. Sus estómagos son más grandes que sus pechos y su fortaleza en la parte superior del cuerpo es 6 veces más poderosa que la de los humanos. Comen corteza de árboles, plantas, raíces o tallos, hojas y frutas; necesitan comer 40 libras (18 kilos) de comida todos los días. El pelo de los gorilas de tierra bajas es más corto y suave, el pelo de los gorilas de montaña es más grueso y greñudo. De todos los gorilas, los de montaña son los de color más oscuro. Los gorilas de tierras bajas son de color gris o café y son más esbeltos y ágiles que los voluminosos y musculosos gorilas de montaña.

Bonus Section / Sección extra

1. Without counting monkeys (and gorillas), do you know how many different animals appear in this story? Do you know which ones they are? Sin contar a los changos (y a los gorilas) ¿sabes cuántos animales distintos aparecen en la historia? ¿Sabes cuáles son?

2. Which monkey appears more times in the story? ¿Cuál es el tipo de chango que aparece más veces en la historia?

3. Which is the smallest type of monkey? ¿Cuál es el chango más pequeño?

4. How do we call monkeys that eat a great variety (almost all type) of food? ¿Cómo se les llama a los changos que comen una gran variedad (todo tipo) de comida?

5. Which do you think is the Aleman's favorite monkey? ¿Cuál crees que es el chango favorito de los Alemán?

Answers / Respuestas:

1. Five (cinco): Cuervo (Crow) Culebra (Snake), Perico (Parakeet), Un ave blanca (A white bird), elefante (elephant) y Oso hormiguero (Aardvark),

2. Macaco de Berbería (Barbary Macaque)

3. Tití pigmeo (Pigmy marmoset)

4. Omnívoros (Omnivores)

5. Sifaca (Sifaka)

About monkeys - Acerca de changos

The answers must be in Spanish (las respuestas deben ser en español)

Across

4 Has a white mustache (tiene un bigote blanco)

6 Loudest animal on earth (animal más ruidoso en la tierra)

7 Bold monkey with red face (mono calvo con cara roja)

10 Excellent swimmer (excelente nadador)

11 Eats poisonous snakes (come serpientes venenosas)

Down

1 Has excellent night vision (tiene excelente visión nocturna)

2 The most colorful primate (primate más colorido)

3 The 'military' monkey (el chango 'militar')

5 Collects rocks (colecciona rocas)

8 Monkey from Madagascar (mono de Madagascar)

9 Monkey with fluffy tail (chango con cola esponjada)

ANSWERS (RESPUESTAS)

About monkeys - Acerca de changos

The answers must be in Spanish (las respuestas deben ser en español)

Across

4 Has a white mustache (tiene un bigote blanco)

6 Loudest animal on earth (animal más ruidoso en la tierra)

7 Bold monkey with red face (mono calvo con cara roja)

10 Excellent swimmer (excelente nadador)

11 Eats poisonous snakes (come serpientes venenosas)

Down

1 Has excellent night vision (tiene excelente visión nocturna)

2 The most colorful primate (primate más colorido)

3 The 'military' monkey (el chango 'militar')

5 Collects rocks (colecciona rocas)

8 Monkey from Madagascar (mono de Madagascar)

9 Monkey with fluffy tail (chango con cola esponjada)

Otros libros por Manuel Alemán disponibles en Amazón.com:

- Una araña en una esquina 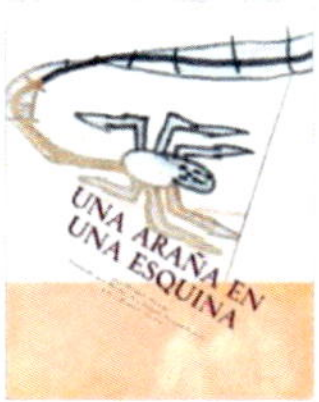

- Si yo fuera un superhéroe 

- If I Were A Super Hero 

- Máscara contra cabellera 

- Poesía calaveril para un público infantil 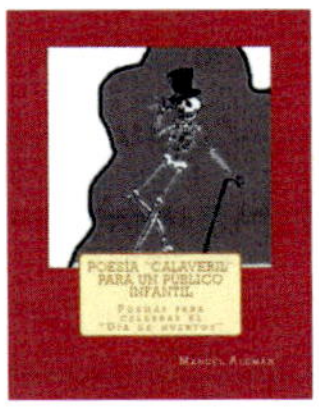

96379913R00031

Made in the USA
Lexington, KY
20 August 2018